L'AMANT, AUTEUR ET VALET,

COMÉDIE EN UN ACTE, EN PROSE;

Représentée par les Comédiens Italiens ordinaires du Roi, au mois de Février 1740.

NOUVELLE ÉDITION.

Le prix est de vingt-quatre sols.

A PARIS,

Chez DUCHESNE, Libraire, rue S. Jacques, au-dessous de la Fontaine S. Benoît, au Temple du Goût.

M DCC. LXII.

Avec Approbation & Privilége du Roi.

ACTEURS.

ERASTE, Neveu de Mondor.

MONDOR, amoureux de Lucinde.

LUCINDE, Veuve.

FRONTIN, Valet de Lucinde & d'Eraſte.

LISETTE, Suivante de Lucinde.

La Scene eſt à Paris chez Lucinde.

L'AMANT, AUTEUR ET VALET, *COMÉDIE.*

SCENE PREMIERE.

ERASTE, *seul.*

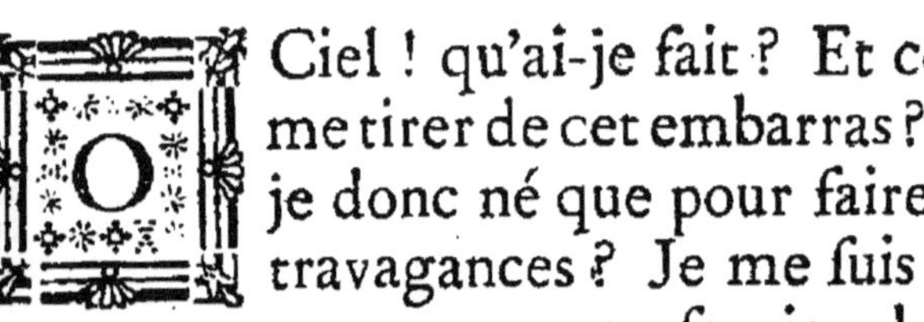

O Ciel ! qu'ai-je fait ? Et comment me tirer de cet embarras ? Ne suis-je donc né que pour faire des extravagances ? Je me suis déguisé pour entrer au service de Lucinde, sans vues, sans raison, comptant tout gagner, si je pouvois la voir de plus près & lui parler quelquefois, premiere sottise ; & je vais aujourd'hui me faire chasser par une seconde.

SCENE II.

ERASTE, FRONTIN.

ERASTE.

Ah ! Frontin.

FRONTIN.

Ah ! Monsieur.

ERASTE.

Je suis perdu !

FRONTIN.

Je venois vous le dire.

ERASTE.

Je suis sur le point de sortir de chez Lucinde.

FRONTIN.

Il faut bien s'y résoudre, & au plutôt.

ERASTE.

Ce matin, suivant tes mauvais conseils...

FRONTIN.

Ce matin, en allant chez votre Imprimeur.

ERASTE.

J'ai laissé dans la chambre de Lucinde...

FRONTIN.

J'ai découvert par le plus grand hasard du monde...

ENSEMBLE { ERASTE.....Qui ?
FRONTIN... Quoi ? }

ENSEMBLE { ERASTE... Mes vers...
FRONTIN... Votre oncle... }

ENSEMBLE { ERASTE... Mon oncle ?
FRONTIN... Vos vers ? }

ERASTE.

Mon oncle, dis-tu ?

FRONTIN.

Oui, Monsieur votre oncle est arrivé.

ERASTE.

Eh ! l'as-tu vû ?

FRONTIN.

Quand je l'aurois vû, l'aurois-je pû reconnoître, depuis vingt-cinq ou trente ans qu'il est dans les païs étrangers ?

ERASTE.

D'où sçais-tu donc qu'il est arrivé ?

FRONTIN.

J'ai rencontré dans la rue un de mes anciens camarades qui revenoit du Canada : j'ai cru qu'il pourroit me donner quelques nouvelles de votre oncle ; mais il pleuvoit, &, pour lier conversation en lieu plus séant, je l'ai fait entrer ... dans un cabaret.

ERASTE.

Allons, finis.

FRONTIN.

J'ordonne bouteille : elle arrive. Nous prenons nos verres, le bouchon saute. Nous buvons. Vous jugez bien qu'une ſi chere entrevue exige le récit de ſes aventures. Ah ! que les mers de ce païs-là ſont orageuſes ! Il eſſuya une tempête horrible ſur je ne ſçais quelle côte, à vingt degrès de latitude, & à quarante-deux toiſes de longitude.

ERASTE.

Sçais-tu bien que tu m'impatientes ?

FRONTIN.

Il eſt enfin arrivé avec un Seigneur originaire de Lyon, (c'eſt votre patrie, & celle de votre oncle,) d'environ ſoixante ans, (l'âge ſe rapporte,) qui revient en France avec des biens immenſes : à ce trait-là, j'ai jugé néceſſairement qu'il falloit que ce fût votre oncle.

ERASTE.

Belle néceſſité ! & t'a-t-il dit le nom de ce Seigneur ?

FRONTIN.

Oui, & c'eſt le ſeul article qui m'ait dépaïſé, ce n'eſt point Liſimon qu'il s'appelle.

ERASTE.

Que diantre veux-tu donc dire ? Si ce n'eſt pas Liſimon, ce n'eſt point mon oncle.

FRONTIN.

Belle conſéquence ! Vous qui faites des Romans, ne ſçavez-vous pas qu'on change à propos de nom, pour préparer des évenemens extraordinaires ?

ERASTE.

Comment s'appelle-t-il enfin ?

FRONTIN.

Autant que je puis m'en ſouvenir, c'eſt un beau nom. Il finit en or. Mine d'or, Medor: aidez-moi un peu.

ERASTE.

Ne ſeroit-ce point Mondor ?

FRONTIN.

Oui, lui-même. Je ſçavois bien que je m'en reſſouviendrois.

ERASTE.

Je le connois, Frontin: il vient tous les jours ici ; je le crois même amoureux de Lucinde.

FRONTIN.

Peſte ! tant pis. Un rival riche eſt encore plus à craindre qu'un oncle.

ERASTE.

Lucinde n'a rien à déſirer du côté de la fortune. Veuve depuis peu d'un mari vieux, jaloux & brutal, elle goûte trop le plaiſir du veuvage pour s'engager une ſeconde fois contre ſon inclination. Mais je me ſuis perdu moi-même, pour avoir ſuivi tes mauvais conſeils.

FRONTIN.

J'en donne pourtant de bons ordinairement. J'étois ſans doute à jeun, quand je vous ai donné ceux-là.

ERASTE.

J'ai laiſſé dans la chambre de Lucinde les

vers que j'ai faits pour elle ; elle les a trouvés, & veut ſçavoir abſolument de quelle part ils viennent. Elle s'imagine que quelqu'un nous a gagnés, Liſette ou moi, & nous a fait mille queſtions d'un air ſévere qui m'a déconcerté. J'ai pâli, j'ai rougi, j'ai changé vingt fois de viſage. Enfin, ſuivant les apparences, nous allons, Liſette & moi, recevoir notre congé.

FRONTIN.

Tant mieux ; car je ſerois d'avis que vous quittaſſiez le nom de l'Orange pour reprendre celui d'Eraſte, & tenter enſuite l'aventure, ſous un extérieur un peu plus décent.

ERASTE.

Elle me reconnoîtroit, Frontin, & ne me pardonneroit jamais la témérité de mon déguiſement.

FRONTIN.

Eh ! croyez-moi, les femmes ne ſont jamais ſincérement fâchées des folies que l'amour nous fait faire pour elles. Mais, à propos, comment Lucinde a-t-elle trouvé votre dernier Roman, où vous avez ſi bien décrit nos aventures & les ſiennes ?

ERASTE.

Elle lit mes ouvrages ſans ſçavoir qu'ils ſont de moi, & ſemble même les lire avec plaiſir. Elle les loue, & c'eſt le ſeul ſuffrage qui puiſſe me flatter. Je me trouve le plus heureux des hommes d'avoir un talent qui puisse lui procurer quelque amusement. L'envie de lui plaire me rend tout aisé : l'amour fait disparoître la gêne du travail, & m'inspire beaucoup mieux qu'Apollon.

FRONTIN.

Parbleu ! je n'ai pas de peine à le croire. Il m'inspire bien, moi qui vous parle. Je travaille depuis quelques jours à l'Histoire de ma vie. Vous y verrez des traits aussi singuliers, des tournures aussi extraordinaires, une morale d'une nouveauté, d'une force.... Mais, à propos, avez-vous songé à gagner Lisette ? Je vous avertis qu'il faut l'avoir pour confidente ou pour surveillante éternelle ; & si une fois elle s'apperçoit....

ÉRASTE.

Je n'ose m'y résoudre. Il y a deux jours que je cherche l'occasion de lui déclarer mon secret, & quand je l'ai trouvée, je ne sçais quelle crainte me retient. Je la regarde, je soupire, & je n'ose lui en dire davantage; car enfin, si elle me découvre à sa maîtresse....

FRONTIN.

Ne craignez rien. Dites-lui que je suis dans vos intérêts, & attendez tout de son zele; elle m'aime, c'en est assez pour vous être favorable. La voici : je retourne chez votre Imprimeur.

SCENE III.

ERASTE, LISETTE, FRONTIN.

FRONTIN, *à Eraste.*

ADieu, Camarade. (*à Lisette.*) Bon jour, mon petit cœur. Je voudrois pouvoir donner un moment d'audience à ton amour; mais une affaire de la derniere considération m'appelle ailleurs. Adieu, ma Reine.

(*Il sort.*)

SCENE IV.

ERASTE, LISETTE.

LISETTE, *à part.*

ADieu, mon fat. Il fait bien de s'en aller. Sa présence commence à m'ennuyer, & je crois que je ne l'aime plus; l'Orange vaut mieux que lui, & je crois ne lui être pas indifférente.

ERASTE.

Vous parlez seule, Mademoiselle Lisette?

LISETTE

Je faisois une petite réflexion où vous aviez quelque part.

ERASTE.

Vous voulez parler de ces vers, n'est-ce pas?

LISETTE.

Pas tout-à-fait. Cependant vous avez eu grand tort de vous charger d'une pareille commission, & tout autre, à votre place, essuyeroit de ma part des reproches très-vifs.

ERASTE.

Je vous suis obligé de l'exception ; mais je puis vous assûrer que, si vous me connoissiez bien, vous ne me soupçonneriez pas de m'être chargé d'une commission semblable. Uniquement occupé des affaires de mon cœur, je ne me crois pas fait pour conduire celles des autres.

LISETTE.

Tant pis ; car c'est un talent nécessaire dans notre état ; mais il faut espérer que les moyens que vous prendrez pour vous-même, vous mettront à portée de pouvoir servir les autres, & il me paroît que vous ne débutez pas si mal.

ERASTE.

Comment ! je ne débute pas si mal! Qu'entendez-vous par-là, je vous prie ?

LISETTE.

Une chose toute naturelle. C'est que vous aimez, que vous cherchez à plaire, & que vous réussissez assez bien.

ERASTE, *à part.*

Se seroit-elle apperçue que Lucinde eût

quelque bienveillance pour moi? (*haut.*) Ce que vous me dites là est assurément bien flatteur. Mais sur quel fondement vous êtes-vous imaginée que j'étois amoureux ?

LISETTE.

Mais sur bien des apparences, des empressemens, des regards... des gestes... des soupirs même quelquefois ; tout cela m'a dit que vous aimiez, & tout cela m'a dit vrai.

ERASTE, *à part.*

Elle a deviné le motif de mes attentions, & de mes assiduités. (*haut.*) En sorte donc que, si je vous faisois confidence de quelque affaire de cœur, vous ne me seriez point contraire !

LISETTE, *à part.*

Bon ! voici qui va nous mener à une déclaration en forme. (*haut.*) Mais... non, vous sçavez qu'ordinairement une affaire de cœur n'a rien d'effrayant. Sans trop de curiosité, où en êtes-vous ?

ERASTE.

Jusqu'à présent je me suis contraint, & mon amour, malgré sa violence, n'a point encore osé se faire connoître.

LISETTE, *à part.*

Effectivement, il ne m'en a pas encore ouvert la bouche. (*haut.*) Mais vous avez tort, c'eſt aimer en pure perte. Parlez, croyez-moi, la timidité ne ſied plus à votre âge, ſur-tout avec des perſonnes qui ne ſont point accoutumées à faire les avances. Parlez, vous dis-je. J'oſerois preſque vous aſſûrer qu'on vous écoutera ſans colere. Les femmes ont aujourd'hui l'eſprit mieux fait qu'au bon vieux tems; elles ne ſe fâchent plus contre ceux qui les aiment, & la reconnoiſſance ſur cet article eſt la vertu favorite du Sexe.

ERASTE.

Ne me trompez-vous point? Avez-vous remarqué dans l'objet de mes feux quelques diſpoſitions favorables?.... Ah! que ne vous devrois-je point!

LISETTE, *à part.*

Il s'enhardit. Aidons un peu à la lettre. (*haut.*) Penſez-vous, Monſieur, qu'on voulût badiner ſur une affaire auſſi ſérieuſe? Oui, l'on m'a fait confidence des ſentimens que vous inſpirez, & pour vous donner des preuves de ce qu'on vous avance, vous verrez votre rival maltraité à vos yeux mêmes. Je crois qu'après un pareil triomphe, vous ne douterez plus de votre victoire.

ERASTE, *à part.*

Elle congédieroit Mondor! (*haut.*) Puis-je me flatter d'un pareil bonheur? Puis-je croire qu'une ſi glorieuſe conquête?...

LISETTE.

Glorieuse conquête ! les Amans & les Gascons sont furieusement amis de l'hyperbole. N'importe, je vous la pardonne. L'objet aimé nous frappe toujours d'illusion, & l'on doit excuser les yeux que l'on éblouit.

ERASTE.

Quoi ! sérieusement, vous croyez que Lucinde ne s'offenseroit point d'une passion . . .

LISETTE.

Et qu'a-t-elle d'offensant? Vos vues ne sont-elles pas légitimes ?

ERASTE.

Je puis vous l'assûrer, & je suis même d'une condition . . .

LISETTE.

Oh ! je vous dispense de faire vos preuves de noblesse. Ne craignez rien, ma maîtresse approuvera vos feux. Ce n'est point lui manquer de respect que d'avoir des sentimens aussi louables; & après tout, si cela lui déplaisoit, nous nous passerions fort bien d'elle.

ERASTE.

Nous nous passerions d'elle !

LISETTE.

Cela vous étonne! Ayez meilleure opinion de vous, &, je l'ose dire, de ma délicatesse ; si vous méritez qu'on vous aime, il n'y a point de fortune que je ne vous sacrifie ; mais tout ceci doit se faire par degrés, au moins. Vous voyez le prix, songez à le mériter.

ERASTE, *à part*.

Elle n'a pas mal pris le change, & moi aussi! Ah! Je m'étonnois bien que Lucinde....

LISETTE.

J'entends quelqu'un. Peste soit de l'importun. Cette conversation, quoique préliminaire, nous alloit conduire aux articles. Ah! c'est Monsieur Mondor.

SCENE V.

MONDOR, ERASTE, LISETTE.

MONDOR.

BOn jour, ma belle enfant: comment se porte Lucinde? Dis-moi, comment va son cœur? En qualité de femme de chambre, tu dois en avoir la direction.

LISETTE.

Tout ira bien, Monsieur; c'est moi qui vous le dis.

MONDOR, *à part, à Lisette*.

Que fais-tu ici de ce garçon? Sa phisionomie ne me revient pas. Il refusa l'autre jour un présent que je voulois lui faire; c'est un nigaud: il a l'air benêt.

LISETTE.

C'eſt pourtant un bon garçon ; mais il y a peu de tems qu'il eſt dans le ſervice, il ne ſçait point encore les régles. Dans le fond, il vous honore, & vous reſpecte infiniment.

MONDOR.

[*à Eraſte.*]

Ah ! c'eſt quelque choſe. Cela eſt-il vrai?

ERASTE.

Vous me feriez tort d'en douter, Monſieur.

MONDOR.

Effectivement, je ne lui trouve pas l'air ſi extraordinaire ; je lui crois du diſcernement. Oh ! çà, Liſette, j'aime Lucinde, comme tu ſçais, & à mon âge on n'a pas de tems à perdre. Crois-tu que je puiſſe me déclarer ? Je n'aime point à languir, moi. Voilà la quatriéme fois que je vois ta maîtreſſe, & je ne lui ai point encore déclaré mon amour, quoique je l'aye aimée à la premiere vûe : ce ſilence reſpectueux mérite quelque choſe. Fais en ſorte que ta maîtreſſe m'en ſache gré, & que toutes mes viſites me ſoient comptées.

LISETTE.

Déclarez-vous, Monſieur, & je me charge du reſte. Je lui parlerai inceſſamment de vous, lui vanterai votre mérite. Il y a mille Amans qui font plus de progrès par les ſervices qu'on leur rend, que par leur préſence.

ERASTE.

Qu'elle eſt officieuſe !

MONDOR.

Je vais donc m'offrir, moi, mon cœur, ma main, ſans compter une fortune immenſe.

LISETTE.

On pourroit dire que les biens ne ſont avantageux qu'autant qu'on en ſçait faire uſage ; mais je répondrai que vous êtes d'une générosité.....

MONDOR.

Il eſt vrai que je donne de bon cœur, & cela me fait reſſouvenir de te faire accepter cette bague.

LISETTE.

Mais, Monſieur.....

MONDOR.

Prends, te dis-je, & ne fais point la ridicule pour une bagatelle ſemblable.

LISETTE.

Vous vous moquez, Monſieur; votre main donne un prix ineſtimable aux moindres préſens que vous faites, & je reçois celui-ci ſans ſcrupule, parce que je vous regarde déjà comme mon maître.

SCENE V.

LUCINDE, MONDOR, ERASTE, LISETTE.

LUCINDE.

CEla m'inquiette à la fin; voilà plusieurs galanteries de cette nature, que je reçois sans savoir de quelle part.

MONDOR.

Ah! Madame, je vous demande pardon de ne m'être pas plutôt apperçû de votre arrivée : je vois bien que l'amour ne donne pas le talent de deviner.

ERASTE, *à part.*

Mon cœur me l'avoit pourtant annoncée.

LUCINDE.

Comment donc? Vous êtes galant, Monsieur.

MONDOR.

Je suis mieux que cela, Madame; je suis vrai. Je viens d'un pays où l'on dit bonnement sa pensée. Il semble qu'on respire encore, dans cet heureux climat, un air de cette franchise, & de cette droiture naturelle aux Sauvages; mais sur-tout, en fait d'amour. On se voit, on s'aime, on se le dit; si l'on se convient, on s'épouſe. Pour moi je trouve ce procédé charmant, &, ſi c'étoit la mode, je vous demanderois, ſans façon: Madame, ſuis-je votre fait?

ERASTE, *à part.*

La délicate façon d'aimer!

LISETTE.

Que ne ſuis-je en Canada!

LUCINDE.

Que ce pays reſſemble peu à celui dont vous parlez! La bouche eſt rarement ici l'interprete du cœur: fort volontiers chacun y penſe mal des autres; mais par ménagement, bienſéance ou intérêt, on ſe trouve obligé de déguiſer ſes ſentimens; ce qui a fait introduire, pour la commodité du commerce de la vie, une eſpece de jargon, qu'on appelle galanterie, politeſſe, ſavoir vivre, à la faveur duquel on ſe dit réciproquement les choſes du monde les plus obligeantes; mais c'eſt ſans conſéquence, on en eſt convenu; & ſi quelqu'un étoit aſſez dupe pour prendre ces complimens au pied de la lettre, on l'accuſeroit de ne pas ſavoir ſon monde.

MONDOR.

La parole n'eſt faite que pour exprimer ce qu'on penſe, & voici le fait. Un heureux haſard m'a fait lier connoiſſance avec vous: la lettre dont votre oncle le Gouverneur m'a chargé, me l'a procurée. Vous m'avez permis de vous rendre mes devoirs, j'ai cru ne pouvoir mieux faire que de vous aimer, parce que j'y trouve un plaisir inexprimable. Je puis donc vous offrir, avec ma main, le partage de cent bonnes mille livres de rente. Si j'étois jeune, je vous crois si désintéressée que je ne vous parlerois pas de mon bien; mais je commence à ne l'être plus. Il vous faut un prétexte pour m'épouser, je vous l'offre.

LISETTE, *bas à Lucinde.*

Résistez à cela, si vous pouvez.

LUCINDE.

Si vos propositions sont sincéres, elles ne sont pas moins brillantes; mais si j'allois vous tromper, moi?

MONDOR.

Est-ce que vous savez votre monde? Allez, allez, je vous connois trop pour le craindre.

LUCINDE.

Vous avez raison, & c'est parce que je suis sincere que je vous conseille de prendre encore du tems pour me mieux connoître. Je me suis mariée par obéissance; vous voulez que je me marie par raison. Voilà deux motifs qui ne font pas faire de l'hymen une épreuve bien avantageuse, & je voudrois avoir plus que de la reconnoissance pour un homme qui auroit voulu faire mon bonheur.

MONDOR.

C'est-à-dire que vous ne sentez point pour moi de passion violente?

LUCINDE.

Non, vraiment.

MONDOR.

Je le crois ; vous n'avez pas eu le tems : aussi n'avez-vous point d'aversion ?...

LUCINDE.

J'en suis bien éloignée.

MONDOR.

Voilà tout ce que je demande. Un mari est trop heureux, quand on ne le trouve pas insupportable.

LISETTE, *bas à Lucinde.*

Quel trésor, Madame !

MONDOR.

Et je ne vous donnerai pas seulement le tems d'être indifférente. Tous vos momens seront marqués par des plaisirs nouveaux.

LUCINDE.

Vous êtes d'une humeur charmante.

MONDOR.

Vous pouvez compter sur des complaisances infinies & perpétuelles. Ce sont ordinairement les mauvaises manieres qui détruisent l'amour entre les époux, & par conséquent les bonnes doivent le faire naître.

LUCINDE.

Sçavez-vous bien que vous êtes dangéreux, Monsieur, & que de pareils sentimens valent, pour le moins, les agrémens de la jeunesse ?

MONDOR.

C'eſt-à-dire, que vous vous rendez.

LUCINDE.

Oh ! pas encore ; car je me défie des Poëtes ; ils exagerent ordinairement, & vous faites de ſi jolis vers, que je crains que vous ne donniez dans la fixion.

MONDOR.

Des vers, Madame ! ſi j'oſois vous demander ce que vous entendez par-là ?

LUCINDE.

Allez, Monſieur, je ne ſuis point ridicule ; loin de m'en fâcher, je vous permets de m'en donner ſouvent ; car ils ſont très-jolis.

MONDOR.

Parlez-vous ſérieuſement, Madame ? Je vous ai donné des vers, moi ? Vous vous moquez, je n'en ai jamais ſçû faire.

LUCINDE.

Ne vous en défendez point ; je vous dis qu'ils m'ont fait plaiſir.

MONDOR, *bas.*

Que Diable veut-elle donc dire avec ſes vers. [*haut*] Mais, Madame, jettez ſeulement les yeux ſur moi ; ai-je l'air & l'encolure d'un Poëte ?

LISETTE, *à Mondor.*

Si c'eſt vous qui les avez faits, pourquoi ne pas l'avouer ? Vous auriez fort bien pû vous adreſſer à moi pour les faire tenir.

MONDOR.

A l'autre!

LISETTE, *à Lucinde.*

[*à Mondor.*]

C'est Monsieur qui les a faits. Dites donc que oui.

MONDOR.

Mais, il y a conscience; je n'ai jamais fait que des Lettres de change, moi.

LUCINDE.

Tenez, lisez vous-même. Je suis persuadée que vous les trouverez bons, quoiqu'ils soient de vous.

MONDOR *lit mal.*

Ah! qu'il est douloureux de cacher son amour
Pour un objet où brillent tant de charmes!
J'aime Daphné.....

Parbleu! voilà des vers que je pourrois fort bien avoir faits; ils ne valent pas le diable.

ERASTE.

Monsieur, la plûpart des Poëtes n'ont pas le don de bien lire leurs ouvrages. Je me suis fait une étude particuliere de la lecture, & si vous voulez que je vous épargne la peine..

MONDOR.

Tu me feras plaisir, l'Orange. Voyons comme tu t'en tireras.

LUCINDE, *à Lisette.*

Il le fait exprès.

LISETTE.

Sans doute.

ERASTE *lit.*

Ah ! qu'il eſt douloureux de cacher ſon amour
Pour un objet où brillent tant de charmes !
J'aime Daphné, je la vois chaque jour ;
Mais ce bonheur fait naître mes allarmes :
Il redouble les feux dont je ſuis conſumé,
Et le reſpect veut que je les dévore :
Amour ! je n'attends point le plaiſir d'être aimé ;
Mais donne-moi celui de dire que j'adore.

[Il regarde Lucinde en ſoupirant.]

LUCINDE.

L'Orange lit fort bien, vraiment.

MONDOR.

Le reſpect... que j'adore... cela eſt aſſez joli.

LUCINDE.

Vous convenez donc que c'eſt de vous qu'ils me viennent ?

MONDOR.

Puiſque vous le voulez abſolument, il faut bien que cela ſoit. [*bas.*] Il n'y a pourtant rien de ſi faux. [*haut.*] Parbleu ! vous ne pouvez plus vous diſpenſer de faire quelque choſe pour moi, Madame, puiſque je fais pour vous..... l'impoſſible.

LUCINDE.

LUCINDE, *riant.*

Je ne ſçais qu'en dire ; en vérité, je ne puis me réſoudre à vous ôter toute eſpérance ; mais ſur-tout donnez-moi ſouvent des vers, & donnez-les vous-même : ils n'en ſeront que mieux reçus.

MONDOR.

Laiſſez-moi faire ; je vous jure que vous n'en manquerez pas, ſi mon Apollon veut m'être toujours auſſi favorable. Adieu, Madame, je vais chez mon Banquier pour y recevoir un payement ; car on ne peut pas toujours faire des vers, je reviendrai enſuite. Je vous conjure cependant de faire quelque attention à ma proſe ; elle eſt plus ſonore que ma poëſie... Poëte ! (*à part, en ſortant.*) Parbleu ! je ne penſois pas, en arrivant ici, à me voir enregiſtrer au Parnaſſe : je crois qu'elle ſe moque de moi.

SCENE VII.

LUCINDE ERASTE, LISETTE.

LUCINDE.

IL ſe divertit, & m'amuſe. Tâchons de ſçavoir qui de Liſette ou de l'Orange s'intéreſſe en ſa faveur, & a mis ſes vers ſur ma toilette. L'Orange les a lus d'une maniere à me faire croire que c'est lui. Eh bien ! Lisette, que pensez-vous de Mondor?

LISETTE.

Qu'il vous aime autant que vous méritez de l'être, Madame, & cela signifie qu'on ne peut rien ajoûter à son amour.

LUCINDE.

Il auroit de la peine à s'expliquer mieux, s'il parloit lui-même. Et vous, l'Orange, croyez-vous qu'il m'aime autant que Lisette le dit?

ERASTE.

Ne me demandez point si l'on vous aime, Madame, ce sentiment doit être naturel à tous ceux qui ont le bonheur de vous connoître.

LUCINDE.

(*à part.*) Ils sont d'intelligence. (*haut.*) Je ne suis pas encore décidée sur son compte. Je vous crois tous deux attachés à ma personne. Dites-moi naturellement ce que vous pensez là-dessus?

LISETTE.

Tous ceux à qui vos véritables intérêts seront chers, vous conseilleront de conclure ce mariage. Il est prodigieusement riche, & c'est un grand point, Madame.

LUCINDE.

Il est vrai; mais il peut être avare.

LISETTE.

Je ne le crois pas ſujet à ce défaut. (*en regardant le diamant.*) Il a une certaine façon de s'annoncer ...

LUCINDE.

Je ſuis charmée de ce que tu me dis-là. Mais d'où te vient ce brillant ? Il me ſemble l'avoir vû à Mondor ?

LISETTE.

Hélas ! il faut qu'il me l'ait donné ſans que je m'en ſois apperçue.

LUCINDE.

Voilà une heureuſe diſtraction.

LISETTE.

Mais je le lui rendrai, & je lui dirai fort bien que cela ne convient pas.

LUCINDE.

(*à part.*) Je n'en puis plus douter. (*haut à E. aſte.*) As-tu vendu bien cher ton ſuffrage ?

ERASTE.

Madame, je ne ſuis pas ſujet aux diſtractions. Monſieur Mondor m'a voulu faire des préſens ; mais ſes offres m'ont paru indignes de lui & de moi. Ce ſont des ſoins aſſidus, une paſſion ſincere & approuvée qui doivent conduire au bonheur d'être votre Epoux. Tout autre ſecours en dégrade le plaiſir & la gloire.

LISETTE, *d'un air de pitié.*

Le beau raiſonnement !

LUCINDE.

Laissez-le parler, Lisette.

ERASTE.

Et, puisque Madame me permet de dire mon sentiment, je lui avouerai que je serois surpris, après la triste expérience qu'elle a fait du mariage, de lui voir épouser un vieillard qui ne peut lui offrir que des richesses peu capables de flatter un cœur comme le sien.

LISETTE.

Un vieillard ! un homme est-il vieux à soixante ans ? Et je gagerois que Monsieur Mondor ne les a pas encore. Vous feriez mieux de vous taire.

LUCINDE.

Donnez-vous ce conseil à vous-même, Lisette.

ERASTE.

J'ai le bonheur d'être attaché à Madame, & le ciel m'est témoin que ce n'est point par intérêt. Mon zéle part d'un motif & plus pur & plus noble, & je sacrifierois tous les biens du monde, plutôt que de lui rien proposer qui pût la rendre malheureuse.

LUCINDE.

J'en suis persuadée.) *à part.*) Ce garçon a le cœur excellent.

LISETTE.

Comment malheureuse ! cinquante mille

livres de plus n'ont jamais produit un pareil effet.

ERASTE.

Les richesses sont une foible ressource contre les chagrins domestiques, & une triste consolation des malheurs attachés à un mariage mal assorti. Un mari vieux est ordinairement un mari jaloux; &, quelque vertueuse que puisse être sa femme, elle n'en est pas moins persécutée. La certitude où il est de ne pouvoir lui plaire, enfante des soupçons insupportables qu'on augmente en voulant les guérir. Tout lui est suspect jusqu'aux attentions d'une chaste épouse. Mais avec un mari jeune & tendre, on trouve un ami dans la société, un consolateur dans ses peines, un amant dans le sein même du mariage. Il fait son unique affaire de vos plaisirs, parce que vos plaisirs sont les siens. Toujours enflammé, toujours constant, parce qu'il est toujours heureux. Voilà, Madame, l'Epoux qui peut seul mériter votre main & votre cœur.

LISETTE.

Si Madame n'en épouse jamais d'autres, je lui prédis qu'elle mourra veuve. Vous devriez, pour l'honneur de votre tableau, nous en montrer l'original.

ERASTE.

Il ne seroit pas si difficile à trouver. Je ne

détaille ici que des ſentimens, & Madame eſt sûre de les trouver, puiſqu'ils doivent être l'ouvrage de ſes charmes.

LISETTE.

Et moi, je ſoutiens ...

LUCINDE.

Il ſuffit. (*à part.*) Tant d'eſprit dans un domeſtique ! cela n'eſt pas naturel. Je ſçais préſentement à quoi m'en tenir ſur le chapitre des vers. Et vous, l'Orange, je vous rends juſtice. Dans un moment j'aurai une commiſſion à vous donner, Liſette.

(*Elle ſort.*)

SCENE VIII.

ERASTE, LISETTE.

LISETTE.

APplaudiſſez-vous. Vous venez de faire un beau coup ! Ah ! que vous êtes heureux qu'on ne puiſſe pas vous vouloir du mal ! Prenez-y garde, au moins, ce zéle mal-entendu vous donneroit un ridicule affreux. Il faut que chacun s'accoutume à penſer ſelon ſon état. Rien n'eſt ſi mal placé qu'un avis généreux dans la bouche d'un domeſtique ; & le conſeil qu'il donne, fût-il le meilleur du monde, un maître eſt engagé, par honneur, à faire tout le contraire ; c'eſt la régle.

ERASTE.

C'eſt pour cela, ſans doute, que vous en donnez un mauvais à Madame ?

LISETTE.

Un mauvais !

ERASTE.

Mais, s'il eſt bon, Lucinde eſt engagée à faire le contraire. Ne dites-vous pas que c'eſt la régle ?

LISETTE.

Cela eſt bien différent. Une Femme de

chambre est, par son état, le conseil privé de Madame, & Madame, quand elle sçait vivre, ne doit rien faire sans l'avis de sa Femme de chambre : c'est encore la régle... Mais revenons à notre entretien de tantôt : nous étions convenus, ce me semble...

ERASTE.

Voici Frontin, & j'ai mes raisons pour ne point parler de cela devant lui.

LISETTE, *à part.*

Il croit que je l'aime encore. (*haut à Eraste.*) Soyez en repos. (*à part.*) Je vais faire confidence de cet amour à Lucinde ; elle pourroit se fâcher si je lui en faisois mystere.

SCENE IX.

ERASTE, LISETTE, FRONTIN.

FRONTIN.

Bon jour, mes amis. Eh bien ! qu'est-ce ? Comment te portes-tu, mon enfant ? Tu peux à présent me faire ta cour, j'ai quelques minutes à te sacrifier.

LISETTE, *tendrement.*

Adieu, l'Orange.

FRONTIN.

Hem ?

LISETTE, *plus tendrement.*

Adieu, l'Orange.

SCENE X.

ERASTE, FRONTIN.

FRONTIN.

MOnſieur, voilà des adieux ſignificatifs.

ERASTE.

Nous nous adreſſions à merveille pour en faire une confidente ! Cette folle s'eſt imaginée que je l'aimois ; & bien plus, Frontin, elle m'aime.

FRONTIN.

Cela ne ſe peut pas, Monſieur !

ERASTE.

Il eſt vrai que la préférence doit t'étonner ; mais cela ne laiſſe pas d'être.

FRONTIN.

La chienne !

ERASTE.

Raſſûre-toi, je te l'abandonne.

FRONTIN.

Vous me faites-là un beau préſent ! M'abandonner une perfide ! J'enrage ! Mais je ſuis un grand ſot : je ne l'aimois pas, & ſon inconſtance me pique.

ERASTE.

Lucinde ne me paroît point diſpoſée en

faveur de Mondor, cela me rassûre. Lisette est chargée de l'affaire des vers. Mais mon amour, que deviendra-t-il ? & quelles mesures prendre pour le faire triompher ?

FRONTIN.

Voilà enfin l'Epreuve de votre Roman.

ERASTE.

Ah ! bon. Je puis corriger ici. Il n'y a pas d'apparence qu'on vienne m'interrompre. Lucinde est rentrée, & je ne crois pas qu'elle ressorte si-tôt... Je reconnois là mon Imprimeur ; quel papier ! quel caractere !

FRONTIN.

Les doigts me démangent dès que je vois écrire. C'est une rage : aussi portai-je toujours avec moi mon ouvrage. Allons, cédons au noble transport qui nous anime : écrivons, instruisons l'Univers... Trouvons d'abord un titre heureux : *Le parfait Domestique.* Fort bien ! ou *l'Histoire curieuse & véritable du célebre Frontin.* Charmant début !

SCENE XI.

LUCINDE, ERASTE, FRONTIN.

LUCINDE.

LIsette vient de m'étonner. Les sentimens que ce garçon fait paroître annonceroient en lui des inclinations plus relevées. Mais j'ai des soupçons sur sa naissance que je veux éclaircir. Le voilà, si je ne me trompe, dans quelque occupation sérieuse. Approchons doucement, & sçachons ce que ce peut être.

ERASTE.

Le désagréable métier que celui de corriger des Ouvrages ! Voilà déjà plus de dix fautes dans le premier feuillet. Tu lui diras de ma part que je suis tout-à-fait mécontent.

LUCINDE.

Je n'y manquerai pas.

FRONTIN.

Comment diable ! J'écris comme un Ange ! Si cela continue, l'Ouvrage sera court ; je n'en ai fait que trois pages, & me voilà presque à la fin. Eh bien ! il ennuiera moins.

ERASTE.

Si tu voulois bien ne pas parler si haut.

FRONTIN.

Au reste, c'est une belle qualité, & même assez rare, que de sçavoir être laconique; mais aussi ne faut-il rien obmettre des principales actions de ma vie. Récapitulons un peu. Dans les circonstances de ma naissance, je n'ai rien oublié que le nom de mon pere; mais ce n'est pas ma faute, que ne s'est-il fait connoître? Voilà mes Campagnes sur mer, de Toulon à Marseille, & de Marseille à Toulon.

ERASTE.

On a bien raison de dire qu'un Ouvrage n'est pas encore achevé, quand il est entre les mains de l'Imprimeur.

FRONTIN.

Chapitre troisiéme. Comme quoi Frontin paroît à la Cour, rend de grands services à un jeune Seigneur, & le met dans le Monde, au moyen des bonnes connoissances qu'il lui donne.

LUCINDE, *à part.*

Votre style me paroît beau.

ERASTE.

Trouvez-vous cela, Monsieur Frontin? Je suis fort aise qu'il soit de votre goût.

FRONTIN.

Frontin entre Valet de Chambre de Mon-

ſieur *** Il faut avoir de la diſcrétion, & ne point nommer les maſques. *Il vole ſon Maître, qui s'en apperçoit, & ne le chaſſe point*. Je connoiſſois mon homme : il m'auroit chaſſé ſi je l'avois ſervi fidelement.

ERASTE.

Il n'eſt pas permis de tenir contre tant de ſottiſes. Demande-lui s'il ſe moque de moi.

LUCINDE, *à part.*

Cela ſuffit, je lui dirai.

ERASTE.

Monſieur Frontin fait l'agréable. Il adoucit ſa voix. Il en eſt, ſans doute, à quelque endroit tendre de ſon Roman?

FRONTIN.

Me voici à l'infidélité de ma Coquette. Allons, broyons du noir; barbouillons-la des plus affreuſes couleurs; que ce tableau effraye tout ſon ſexe; qu'il ſoit ſemé de réflexions; les réflexions ſont la rocambole des Romans.

LUCINDE, *à part.*

Son Héroïne ne reſſemble gueres au portrait qu'il en fait.

FRONTIN.

J'entre dans un Boſquet pour rêver à la Perfide, je la trouve ſur un lit de gazon, en Pet-en-l'air.

ERASTE.

Frontin ! Frontin !

FRONTIN.

Attendez, Monsieur, je n'ai plus qu'un mot à écrire. *Je lui jette un coup d'œil assez farouche: elle veut fuir mes reproches ; mais un orage épouvantable inonde tout-à-coup le jardin. Déjà le bosquet est entouré d'eau : ma perfide en a jusqu'à mi-jambe : je ne daigne pas lui donner le moindre secours, & je monte sur un arbre.* Quelle magnifique description ?

ERASTE.

Frontin !

FRONTIN.

Je suis à vous . . . . Ah ! nous sommes perdus !

(*Il tousse, & fait des signes.*)

ERASTE.

Qu'as-tu donc ? Que veux-tu dire ?

FRONTIN.

L'Orange, sçais-tu bien qu'il est ridicule de me faire attendre si long-tems pour une bagatelle semblable ?

ERASTE, *se retournant.*

Ah ! ciel ! . . . Madame, je vous fais mille excuses : je ne vous croyois pas si près.

LUCINDE.

A quoi étiez-vous occupé ?

FRONTIN.

Madame, il est inutile de vous rien déguiſer ; j'ai quelque goût pour les relations, & je m'amuſe de tems en tems à en donner au Public. Cela ne doit point vous ſurprendre ; car je ſuis petit-fils en ligne directe de ce cocher fameux qui a tant fait de bruit dans Paris ; mais j'ai toujours négligé l'orthographe, & l'Orange, mon camarade, me ſert pour ces minuties; nous partageons les profits.

ERASTE, *bas à Frontin.*

Miſérable ! qu'as-tu fait? m'avoir ainſi laiſſé ſurprendre !

FRONTIN.

C'eſt l'effet de la compoſition ; j'étois dans l'enthouſiaſme. Adieu, camarade.

SCENE XII.

LUCINDE, ERASTE.

LUCINDE, *bas.*

QUe veut dire ceci ? il parle à Frontin d'un air d'autorité. (*haut.*) L'Orange, où avez-vous connu ce garçon-là ?

ERASTE.

Madame, notre connoiſſance s'eſt faite à Lyon.

LUCINDE.

Etes-vous de cette Ville ?

ERASTE.

Je crois que oui, Madame. (*à part.*) Je ſuis tout troublé.

LUCINDE.

Vous croyez? ce ſont de ces choſes qu'on peut affirmer ſans aucun doute : je connois les principales maiſons de cette Ville ; j'y ai même des parens. Avez-vous ſervi dans ce pays?

ERASTE

Non, Madame, vous êtes la premiere perſonne à qui j'ai eu l'honneur d'offrir mes ſervices.

LUCINDE.

Je vous ai pris chez moi ſans beaucoup m'informer de vous. Votre phiſionomie, votre façon de penſer & de vous exprimer, un certain air au-deſſus de votre état, tout m'a parlé pour vous ; je crois que je ne me ſuis point trompée, & je ſuis fort ſatisfaite de vous avoir.

ERASTE.

Madame, l'envie de vous contenter & de mériter vos bontés, m'aura ſans doute donné de nouveaux talens. Heureux de voir agréer mon zele par la perſonne qui le mérite le mieux!

LUCINDE.

Ce n'eſt point un compliment que je vous demande ; je veux connoître votre famille & non pas votre eſprit ; je ſçais que vous n'en manquez pas. Apprenez-moi qui vous êtes, qui ſont vos parens, pourquoi vous vous trouvez réduit à cet état ? car il me ſemble que vous n'avez point été élevé pour ſervir. On ne voit point de gens de votre ſorte agir avec cette liberté, cette aiſance qu'on n'acquiert que dans un certain monde. Je dirai plus, j'ai remarqué en vous des ſentimens qui ne ſe trouvent gueres que dans des perſonnes bien nées, & dont l'éducation a perfectionné le bon naturel.

ERASTE, *à part.*

Que cet examen eſt rude à ſoutenir ! (*haut.*) Madame, mes parens ne ſont pourtant pas riches; mais ils coulent des jours paiſibles dans cet heureux état de médiocrité, où la fortune eſt trop bornée pour inſpirer de vains deſirs, & où les deſirs ſont trop modérés pour ſouhaiter une plus grande fortune.

LUCINDE.

Mais comment donc ? voilà l'état du vrai Sage. Pourquoi les avez-vous quittés ? Je vous crois trop raiſonnable pour vous ſoupçonner de vous être brouillé avec eux.... Vous ſeroit-il arrivé quelque affaire ? Auriez-vous des raiſons pour vous cacher ?... Vous me paroiſſez embarraſſé; raſſurez-vous, je n'ai point envie de vous nuire. Dites-moi, l'amour n'auroit-il point de part à tout ceci ?

ERASTE.

L'amour, Madame? quoi! vous pourriez penſer? ....

LUCINDE, *bas.*

Quelle agitation! Liſette a raiſon, il l'aime. (*haut.*) Je ne ſuis point ſi ſévere, & je ſçais qu'à votre âge on peut ſans crime avoir une inclination : je crois même m'être apperçue qu'il y a ici quelqu'un qui ne vous eſt pas indifférent. Oui, l'Orange, vous aimez, convenez-en. (*bas*) C'eſt pourtant dommage ; car, en vérité, Liſette ne le vaut pas.

ERASTE.

Hélas! Madame, il n'eſt que trop vrai qu'on n'eſt pas maître de ſon cœur ; mais je mourrois plutôt que de ſortir du reſpect que je vous dois.

LUCINDE, *bas.*

Il a peur de m'offenſer en aimant ma femme de chambre. Hélas! il s'offenſe lui-même. (*haut.*) Puiſque vous êtes entraîné par un penchant que vous ne pouvez vaincre, je vous avoue que vous êtes à plaindre ; car enfin avez-vous bien refléchi ſur l'objet, & aux ſuites de votre paſſion ?

ERASTE, *bas.*

Je n'en doute plus, elle ſçait que je l'aime.

LUCINDE.

C'est parce que je vous connois de la raison que je veux que vous en fassiez usage. Répondez-moi, l'Orange ; c'est chez moi que vous aimez ?

ERASTE.

Oui, Madame ; mais vous cherchez à me rendre malheureux. Quel intérêt peut vous faire desirer de sçavoir ce qui se passe dans mon cœur ! mais que dis-je ? vous ne l'ignorez pas, & vous ne voulez m'arracher l'aveu de ma témérité, que pour m'en punir avec la derniere rigueur.

LUCINDE, *bas*.

L'aveu de sa témérité ! l'amour le met hors de lui-même. (*haut.*) Non, je ne veux point vous en punir, mais vous tirer de votre aveuglement, s'il est possible.

ERASTE.

Ah ! Madame, puisque vous êtes instruite de mon secret, soyez-le aussi de ma résolution. Oui, quoiqu'il en puisse arriver, j'adorerai toute ma vie le charmant objet....

LUCINDE.

Cela est un peu fort. De l'adoration ! le charmant objet ! Mais on doit pardonner ce langage à l'Amant prévenu.

ERASTE.

L'amour ne m'aveugle point, Madame ; mes expressions sont beaucoup au-dessous de ma pensée ; & la beauté, l'esprit & le cœur de celle que j'adore, sont infiniment au-dessus de l'un & de l'autre ; c'est une justice que vous lui rendriez vous-même, si l'éloge ne vous faisoit pas rougir.

LUCINDE.

Oh ! c'en est trop. Quoi, l'Orange, songez-vous bien que votre amour pour elle me fait éprouver votre impolitesse ?

ERASTE.

Moi, Madame ?

LUCINDE.

Allons, je vois bien que le mal a besoin d'un prompt remede, puisqu'il vous fait tourner l'esprit. Soyez tranquille ; j'approuve votre passion puisque vous le voulez, & dès demain vous serez heureux.

ERASTE.

Madame, je le vois, l'ironie est le parti que vous prenez : je ne suis pas digne en effet de votre colere ; mais sans votre ordre je ne serois pas coupable.

LUCINDE, *bas.*

Il traite cette affaire on ne peut pas plus sérieusement. (*haut.*) L'Orange, je sçais les dispositions de votre Maîtresse, & vous pouvez compter qu'en recevant votre main, son sort sera pour le moins aussi heureux que le vôtre.

ERASTE, *bas.*

Elle m'aime ! elle sçait donc qui je suis ?

(*haut.*) Ah! Madame, eſt-il quelque mortel qui ſe ſoit jamais trouvé dans une ſituation plus heureuſe & plus charmante? Vous approuvez ma tendreſſe! vous ſouffrez que je vous conſacre une vie que je jure de paſſer à vos pieds!

(*Il ſe met à genoux.*)

LUCINDE.

Vous pouſſez trop loin la reconnoiſſance, l'Orange, & c'eſt ſans doute encore une ſuite du dérangement où vous jette votre amour. Levez-vous, & allez trouver Liſette de ma part.

ERASTE.

Que lui dirai-je, Madame?

LUCINDE.

Tout ce qu'il vous plairra. Ne voudriez-vous pas que je vous dictaſſe les choſes que vous avez à lui dire? Arrangez-vous avec elle.

ERASTE.

Mais, Madame, elle eſt donc dans votre confidence?

LUCINDE.

Non vraiment; c'eſt moi qui ai l'honneur d'être dans la ſienne. (*bas.*) Il eſt abſolument dérangé: il me fait pitié (*haut.*) Dites-lui donc, puiſqu'il faut que ce ſoit moi qui vous inſtruiſe, que je conſens à ſon mariage avec vous, & que je me charge même de ſa dot.

ERASTE.

Son mariage avec moi, Madame! il n'en a jamais été queſtion.

LUCINDE.

Oh! je m'impatiente à la fin. Quoi donc? vous aimez une fille chez moi ſans qu'il ſoit queſtion de mariage?

ERASTE.

Je ne l'aime point, Madame.

LUCINDE, *à part.*

Ciel! qu'entends-je? il aime ici, & ce n'eſt point Liſette?

ERASTE, *à part.*

Elle me parloit de Liſette!

LUCINDE.

Vous m'en impoſez, l'Orange; Liſette n'eſt point fille à m'avancer des fauſſetés; & puiſque vous oſez aimer chez moi, il n'y a qu'elle & le mariage qui puiſſent juſtifier votre hardieſſe. Peſez bien ſur ce que je vous dis, & laiſſez-moi ſeule.

ERASTE.

Madame.....

LUCINDE.

Sortez, vous dis-je.

ERASTE, *en s'en allant.*

Je ſuis perdu!

LUCINDE, *ſeule.*

Je crains d'avoir approfondi ce que je voudrois ignorer. L'Orange, que je trouvois ſi poli, si spirituel pour un Domestique, n'est autre chose qu'un Amant déguisé. Quelle témérité! mais il est jeune, & ce n'est que folie. Il n'a pas senti les conséquences de sa démarche; c'est quelque étourdi, quelque jeude homme de famille à qui les Romans auront gâté l'esprit. Il en fait lui-même; il n'en faut pas davantage pour tenter des avantures: je dois pourtant lui rendre justice; sa passion n'a paru qu'à titre de zele & du respect le plus soumis. Mais n'importe, malgré tout cela, je vais le renvoyer tout-à-l'heure: mais voici Mondor.

SCENE XIII.

MONDOR, LUCINDE.

LUCINDE.

EH bien! Monsieur, aurons-nous des Vers?

MONDOR,

Oh! je vous en réponds, & des bons!

LUCINDE.

Je n'en doute point, si vous les faites vous-même.

MONDOR.

Oh! pour cela je ne suis pas si dupe; j'aime beaucoup mieux les acheter tout faits, cela est plus commode ; j'en ai commandé dix mille au bon faiseur ; vous les aurez, je crois, demain matin, car je les ai payés d'avance. Mais un soin plus important me rappelle auprès de vous : puis-je enfin sçavoir comment je suis dans votre esprit & dans votre cœur ?

LUCINDE.

Comme une personne que j'estime beaucoup.

MONDOR.

J'enrage ! quand une femme dit à un homme qu'elle l'estime ; c'est à peu près comme quand un homme dit à une femme qu'il la respecte. Un peu d'amour ne vaudroit-il pas mieux que cette estime-là ?

LUCINDE.

Quoi ! vous pensez encore à cela ? j'ai cru que c'étoit pour badiner que vous m'en aviez parlé tantôt.

MONDOR.

Pour badiner ! parbleu, Madame, je défie que quelqu'un puisse vous aimer en badinant ; vos yeux y mettent bon ordre.

LUCINDE.

C'est donc tout de bon que vous m'aimez ?

MONDOR.

Oui, Madame, & de bonne foi.

LUCINDE.

Je vais donc vous parler avec sincérité. Vous sçavez, Monsieur, que je suis veuve ?

MONDOR.

MONDOR.

Tant mieux.

LUCINDE.

Je jouis de ma liberté, & graces au Ciel, je ne m'en ennuye pas encore.

MONDOR.

Oh! parbleu, vous serez libre avec moi plus que jamais; vous ne serez gênée en rien.

LUCINDE.

Je me gênerois peut-être moi-même. Croyez-moi, Monsieur, vous êtes dans un âge où le joug de l'hymen est bien pesant. Vous vivez content, votre humeur est charmante: dès que vous seriez marié, vous deviendriez rêveur, sombre, chagrin. J'ai dans l'idée, enfin, qu'une femme vous porteroit malheur.

MONDOR.

Voilà un conseil qui a tout l'air d'une audience de congé.

SCENE XIV.

MONDOR, LUCINDE, LISETTE.

LISETTE.

Monsieur, voilà une lettre qui presse.

MONDOR.

C'est, sans doute, un échantillon des Vers

en queſtion... Non, vraiment, c'eſt une Lettre de mon frere. Il me donne apparemment des nouvelles de ce neveu dont je vous ai parlé, & dont je ſuis ſi fort en peine, Madame... (*voulant s'en aller.*)

LUCINDE.

Non, Monſieur, liſez ici: je ſçais trop combien l'affaire vous intéreſſe.

MONDOR.

Puiſque vous me le permettez...

LUCINDE.

Je ſouhaite que ce que vous allez apprendre vous tire d'inquiétude.

MONDOR.

Ah!

LUCINDE.

Qu'avez-vous donc?

MONDOR.

Eraſte, mon neveu, eſt à Paris depuis trois mois.

LUCINDE.

Ah! je reſpire. J'ai cru que vous alliez m'apprendre qu'il étoit mort, ou dangéreuſement malade... Je ne vois rien là qui doive vous affliger. Il eſt peut-être à Paris, & ne peut vous trouver, faute de ſçavoir votre nom; car vous en avez changé, ſans beaucoup de raiſon, ce me ſemble.

MONDOR.

Sans beaucoup de raiſon! Quand on s'eſt battu, qu'on a tué ſon homme, & que l'affaire n'eſt pas encore accommodée ....

LUCINDE.

Mais votre neveu étoit-il ſeul ? N'avoit-il perſonne avec lui ?

MONDOR.

Il eſt parti, à ce qu'on m'écrit, avec un Domeſtique nommé Frontin.

LUCINDE, *bas.*

Ah ! qu'entends-je ! (*haut.*) Frontin vient ſouvent ici : il eſt des amis de l'Orange, & l'un ou l'autre vous en donneront peut-être des nouvelles. Liſette ?

SCENE XV.

LUCINDE, MONDOR, LISETTE.

LISETTE.

Madame ?

LUCINDE.

Que l'on cherche Frontin : il peut rendre à Monſieur un grand ſervice, duquel il ſera récompenſé, & que l'Orange vienne ici ſur le champ. Raſsûrez-vous, Monſieur, vous apprendrez bien-tôt ce qu'eſt devenu votre neveu.

MONDOR.

Hélas ! Madame, que me ſerviroit de le

retrouver ? Vous le dirai-le ? Il eſt perdu pour moi, après l'indigne action par laquelle il vient de ſe déshonorer, lui & toute ſa famille.

LUCINDE.

Qu'a-t-il donc fait ? Expliquez-vous, de grace.

MONDOR.

Son pere me marque qu'il a appris, & cela par des gens qui l'ont vû en cet état, qu'Eraſte eſt au ſervice d'une Dame.

LUCINDE, *à part.*

Ah ! Ciel, Eraſte eſt chez moi.

MONDOR

Je vous ſuis bien obligé, Madame, de prendre tant de part à cette affaire. Je connois votre bon cœur. Jugez de ma douleur. Vous m'en voyez pénétré. Se faire laquais ! Un enfant de famille ! Un fils unique !

LUCINDE.

Ecoutez. Il me vient une idée : Peut-être eſt-il amoureux de la perſonne qu'il ſert ?

MONDOR

Parbleu ! que ne ſe donne-t-il pour ce qu'il eſt ? Si elle le refuſoit, elle ſeroit bien difficile.

LUCINDE.

Vous m'avez dit qu'il étoit bien fait, qu'il avoit de l'eſprit ?

MONDOR.

Oh ! de l'eſprit, il n'en a que trop ! Mais point de jugement. A quoi croiriez-vous qu'il paſſoit ſon tems ? A faire des Romans. La belle occupation !

LUCINDE.

Des Romans ? mais cela amuſe.

MONDOR.

Oui, Madame, des Romans, & de plus, des Vers ! Des Vers & des Romans ! N'y a-t-il pas là de quoi faire tourner la cervelle la mieux timbrée ? Il ne lui manqueroit plus que de faire des Comédies, pour être tout-à-fait joli garçon !

SCENE XVI.

LUCINDE, MONDOR, ERASTE.

ERASTE.

MAdame, je me rends à vos ordres.

LUCINDE.

L'Orange, Monſieur ſe trouve dans un grand embarras. Il ne ſçait ce que peut être devenu un neveu qu'il attendoit. Vous pouvez l'avoir connu, puiſque vous êtes de Lyon ; il ſe nomme Eraſte.

ERASTE, *à part.*

Qu'entends-je ! Mondor eſt mon oncle. Ah ! que vais-je devenir !

LUCINDE, *bas.*

Quelle ſituation ! je la partage. Le pauvre garçon !

MONDOR, *à Lucinde.*

Il paroît ſurpris : il faut qu'il ſçache où eſt Eraſte.

LUCINDE, *à Mondor.*

Parlez-lui doucement, ne l'effarouchez point.

MONDOR.

Viens-çà, coquin... Non, non... Raſſûre-toi, mon ami. Je ne t'accuſe point d'être d'intelligence avec mon neveu. Tu le connois donc ?

ERASTE.

Oui, Monſieur.

MONDOR.

Et tu ſçais, ſans doute, la belle équipée qu'il a fait, ce fripon-là ?

ERASTE.

Je ſçais, Monſieur, ce que vous voulez dire ; mais ne l'accablez point de votre courroux. Il a trouvé, dans la faute même qu'il a commiſe, une punition plus ſévere que celle que vous pourriez lui faire éprouver. Il eſt mépriſé de celle qu'il adore : que faut-il de plus à votre vengeance ?

MONDOR.

Le pauvre garçon en a la larme à l'œil : il s'intéresse furieusement pour mon neveu. Eh bien ! fais en sorte qu'il paroisse à mes yeux, d'une façon que je puisse le reconnoître sans rougir. Tu sçais où il est ?

ERASTE.

Non, Monsieur, je l'ignore. (*à part.*) Ah ! si j'allois être découvert devant Lucinde, que deviendrois-je ?

MONDOR.

Mais, puisque tu sçais qu'il est chez une Dame... Chez une Dame ! Chez quelque coquette, sans doute ?

ERASTE.

Ah ! Monsieur, qu'osez-vous dire ?

MONDOR.

Parbleu ! je m'en rapporte à Madame ; une femme qui a des laquais de cette espece...

LUCINDE.

Voici Frontin.

MONDOR.

Ah ! bon.

ERASTE.

Tout est perdu !

SCENE XVII.

LUCINDE, MONDOR, ERASTE, LISETTE, FRONTIN.

LISETTE, *à Frontin.*

SI tu peux lui donner des nouvelles de ce qu'il cherche, ta fortune est faite.

FRONTIN.

Je tâcherai de profiter de l'occasion. De quoi s'agit-il?

LISETTE.

Il te le dira lui-même. Monsieur, voilà Frontin, cet honnête garçon à qui vous voulez parler.

(*Eraste fait des signes à Frontin.*)

FRONTIN, *à Mondor.*

Monsieur, il est bien flatteur pour moi que mon étoile m'ait procuré l'honneur de la satisfaction de....

MONDOR, *le prenant au colet.*

Point de compliment; tranchons court, s'il vous plaît.

FRONTIN.

Monsieur, je suis bien votre serviteur. (*bas.*) Quelle est donc cette fortune?

MONDOR.

Où eſt Eraſte mon neveu? qu'eſt-il devenu?

FRONTIN.

Eraſte, Monſieur? (*à Liſette.*) Ah! traîtreſſe!

MONDOR.

Qu'as-tu fait de mon neveu?

FRONTIN.

L'Orange, ne ſçaurois-tu pas où il eſt?

ERASTE, *bas.*

Garde-toi de me nommer.

MONDOR.

S'il ne répond, qu'on aille chez un Commiſſaire.

FRONTIN.

l'Orange, un Commiſſaire!

MONDOR.

Parleras-tu?

FRONTIN.

Parbleu, voilà bien des façons! c'eſt moi qui ſuis votre neveu; voyez ſi vous voulez être mon oncle?

LUCINDE.

Le fripon!

FRONTIN.

Traiter de la ſorte un neveu! le ſang ne parle plus aujourd'hui.

LISETTE,

C'eſt un impoſteur; ſon nom eſt Frontin, je le connois depuis plus de ſix ans.

MONDOR.

Comment malheureux ! tu es aſſez hardi pour prendre le nom d'Eraſte, & tu n'es que ſon valet ? Qu'on aille de ce pas....

FRONTIN.

Eh ! non, Monſieur, que perſonne ne bouge. L'Orange, épargne-moi une indiſcretion ; avoue toi-même que tu es Eraſte, puiſqu'on ne veut pas que je le ſois.

ERASTE, *ſe jettant aux genoux de Mondor.*

Eh bien ! Monſieur, vous voyez ce neveu qui ne doit plus vous ſembler digne de l'être.

LISETTE.

Eraſte ! lui ?

FRONTIN.

A propos, je te félicite de ta conquête.

LUCINDE, *à Eraſte.*

Eh ! par où ai-je mérité, Monſieur, une démarche auſſi hardie, & auſſi offenſante ?

ERASTE.

Ah ! Madame, ſongez du moins que je ne ſuis jamais ſorti de ce reſpect auquel je m'étois voué en entrant auprès de vous.

MONDOR.

Dit-il vrai, Madame ?

LUCINDE.

Je ne puis l'en dédire ; c'eſt une réflexion que je faiſois même il y a quelques momens. Je n'ai pas moins lieu de me plaindre de ſon étourderie ; elle m'expoſe à des bruits que je n'ai pas mérités, & l'Orange doit pour jamais renoncer à me voir. Je ne veux pas cependant qu'il ſorte ſans récompenſe ; je connois le prix des ſervices qu'il m'a rendus, & lui tiens compte de ceux qu'il auroit voulu me rendre. Prenez cette boëte ; je croirois vous offenſer, ſi je vous payois autrement.

ERASTE.

Madame.....

LUCINDE.

Prenez-là, vous dis-je. Adieu, l'Orange.

SCENE XVIII.

MONDOR, ERASTE, LISETTE, FRONTIN.

MONDOR.

On ſe moque de vous, mon cher neveu; mais conſolez-vous, elle m'a refuſé moi-même.

ERASTE.

Que vois-je! ſon portrait?

MONDOR.

Son portrait! ah! fripon, que je le voye...

Oui, ma foi, tu es trop heureux; donne-le moi, tu vas avoir l'original.

ERASTE.

Quoi! vous croyez.... Elle se sera peut-être trompée.

MONDOR.

Cours vîte après elle; mais va changer d'habit auparavant; elle a congédié l'Orange, & c'est Eraste qu'elle demande.

ERASTE.

Peut-on jouir d'un plaisir plus parfait!

FRONTIN.

Adieu, fidelle Lisette.

LISETTE.

Tu es encore bienheureux, faquin, que je ne t'aye trompé qu'en herbe.

FRONTIN.

Va, je te défie de me tromper autrement.

www.ingramcontent.com/pod-product-compliance
Lightning Source LLC
LaVergne TN
LVHW022138080426
835511LV00007B/1166

* 9 7 8 2 0 1 2 7 2 5 5 1 5 *